LETTRES

AUX

ÉLECTEURS SÉNATORIAUX

RETHEL

IMPRIMERIE DE G. BEAUVARLET.

Qu'est-ce que le Sénat et qué devront être les Sénateurs ardennais?

LETTRES AUX ÉLECTEURS SÉNATORIAUX

1re Lettre.

Je prends la liberté d'adresser cette lettre et celles qui suivront aux *électeurs sénatoriaux* c'est-à-dire à tous les électeurs qui, au premier, au second et même au troisième degré, sont appelés par la loi à concourir à la nomination des deux sénateurs électifs que le département des Ardennes aura prochainement à choisir.

Je m'explique.

L'article 4 de la loi organique du Sénat est ainsi conçu :

ART. 4. — Les sénateurs des départements et des colonies sont élus à la majorité absolue et, quand il y a lieu, au scrutin de liste, par un collége réuni au chef-lieu du département ou de la colonie et composé :

1º Des députés ;

2º Des conseillers généraux ;

3º Des conseillers d'arrondissement ;

4º Des délégués élus, un par chaque conseil municipal *parmi les électeurs de la commune.*

Voilà la loi.

Et si, en appliquant cet article 4, on a eu raison de dire que le collége chargé de nommer nos sénateurs compterait moins de 600 membres, on aurait tort d'ajouter que la masse des électeurs se trouve, en quelque sorte, expropriée de tout droit d'ingérence dans la nomination des sénateurs.

Au contraire.

Tous, tant que vous êtes — ceux qui sont portés sur les listes électorales municipales, comme ceux qui ne figurent que sur les listes électorales politiques — vous êtes des électeurs sénatoriaux, au premier, au second ou au troisième degré.

C'est vous qui nommez les députés, les conseillers généraux et d'arrondissement.

C'est donc en vertu de vos suffrages et par une délégation de votre droit que vos députés, vos conseillers généraux et vos conseillers d'arrondissement nommeront vos sénateurs.

C'est vous qui nommez vos conseillers municipaux.

C'est donc encore en vertu de vos suffrages et par une semblable délégation de votre droit, que vos conseillers municipaux choisiront le délégué de votre commune qui avec les délégués des autres communes, les députés, les conseillers généraux et les conseillers d'arrondissement concourra à l'élection des sénateurs.

Et notez bien que ce délégué ne doit pas être choisi seulement parmi les conseillers municipaux, mais parmi tous les *électeurs de la commune*.

Vous êtes donc tous des électeurs *primaires* et tous vous pouvez, par le choix du conseil municipal, devenir des électeurs *directs*.

Si vous ne faites pas *personnellement* partie du collége électoral sénatorial, vous y êtes *représentés* par quatre au moins de vos mandataires élus qui sont :

Votre député.

Votre conseiller général.

Vos conseillers d'arrondissement.

Et le délégué de votre commune.

Vous concourez donc tous *réellement* à la nomination des sénateurs.

Vous êtes donc tous *en réalité* des électeurs sénatoriaux.

C'est pourquoi ces lettres s'adressent à tous et non pas seulement aux quatre catégories d'électeurs sénatoriaux créées par la loi du 24 février 1875.

Sous le bénéfice de ces explications, j'entre en matière et vous demande la permission d'examiner avec vous ce qu'est le Sénat, quelles sont ses attributions, quel devra être son rôle, pour arriver à reconnaître ensuite à quels hommes devra être confiée la mission de vous représenter dans le sénat de la République.

*
* *

Vous avez deux sénateurs à élire.

La constitution du 25 février définit ainsi leurs attributions :

ART. 1er. — Le pouvoir législatif s'exerce par deux assemblées : la chambre des députés et le SÉNAT.

. . . .

ART. 2. — Le Président de la République est élu à la majorité des suffrages par le SÉNAT et par la Chambre des députés, réunis en Assemblée nationale.....

ART. 5. — Le Président peut, sur l'avis conforme du SÉNAT, dissoudre la Chambre des députés avant l'expiration légale de son mandat.

ART. 8. — Aux termes de cet article le Sénat peut, comme la Chambre des députés, déclarer qu'il y a lieu de réviser la Constitution et quand les deux chambres sont d'accord sur ce point, elles se réunissent en assemblée nationale pour procéder à la révision.

Toutefois jusqu'au mois d'octobre 1880, le Président de la République a SEUL le droit de demander la révision de la Constitution.

La loi organique complétant la Constitution s'exprime, à son tour, dans les termes suivants, sur les attributions du Sénat :

Art. 8. — Le Sénat a, concurremment avec la Chambre des députés, l'initiative et la confection des lois.

Art. 9. — Le Sénat peut être constitué en cour de justice pour juger, soit le Président de la République, soit les ministres et pour statuer sur des attentats commis contre la sûreté de l'Etat.

Telles seront les attributions des sénateurs que vous allez avoir à élire.

*
* *

Pendant la première moitié de ce siècle on aimait assez, dans les conversations particulières, dans les journaux et même à la tribune, à comparer l'Etat tantôt à un char, tantôt à un vaisseau.

Quelques-uns même en faisaient à la fois un char et un vaisseau.

Le *char* de l'Etat, disaient les uns, *navigue* sur un volcan.

Le ministère, reprenaient les autres, ne tient pas d'une main assez ferme les *guides* du *vaisseau* de l'Etat.

Tout cela était bien un peu ridicule, mais on se comprenait. Néanmoins on abusa tant du char et du vaisseau qu'un beau jour l'Etat devint une *pyramide*.

S'il faut en croire une proclamation célèbre, datée de Décembre 1851 ou Janvier 1852, la pyramide au lieu de reposer sur sa base oscillait sur sa pointe. Aussi un coup d'Etat fut-il fait pour remédier à une assi périlleuse situation et l'auteur du coup d'Etat y travailla vingt ans, usant beaucoup d'hommes et ne plaignant pas la dépense.

L'histoire dira plus tard s'il triompha réellement des difficultés de l'entreprise ou s'il réussit seulement, comme l'affirment certaines critiques, à faire de la pyramide un cône tronqué.

Elle expliquera aussi comment et pourquoi, au mois de Septembre 1870, la pyramide se trouva jetée à terre, broyant dans sa chute la couronne impériale dont on avait coiffé son sommet et comment tout fut encore une fois à recommencer.

Pour le présent je me borne à constater que la couronne est demeurée à terre et brisée, la pyramide a été relevée au prix de longs et pénibles efforts et qu'elle parait solidement assise.

Si j'étais sûr que mes lecteurs n'y voient aucun inconvénient, je renoncerais volontiers à contiuuer cette métaphore de l'*Etat-pyramide* qui me plaît médiocrement et comme j'ai certaines raisons de croire qu'ils n'y tiennent pas plus que moi je l'abandonne définitivement pour revenir aux comparaisons d'autrefois.

Je préfère celle de l'*Etat-vaisseau* et une pointe de paresse, je dois le dire, n'est pas étrangère à cette préférence.

En feuilletant la collection du *Moniteur ardennais*, j'ai retrouvé dans le numéro du 25 avril 1875, la comparaison aimée de nos pères et j'en vais faire mon profit, espérant que ceux qui me lisent y trouveront aussi le leur.

L'écrivain dont je vais, sans vergogne, m'approprier les idées et les phrases se demandait alors à quel moment nous pourrions voir naviguer le nouveau vaisseau chargé de nos destinées. Il souhaitait bonne mer et bonne brise à ce vaisseau baptisé le 25 février et décoré à son avant du nom et de l'effigie de la « *République conservatrice.* »

L'amiral, chargé du commandement, disait-il, a vaillamment fait ses preuves sur le radeau le « *Septennat* » et il reste maintenant aux passagers, c'est-à-dire aux électeurs, de choisir l'équipage.

Il ajoutait et je le copie effrontément :

« Il ne sera pas nécessaire de recourir à une levée forcée, car les demandes d'admission commencent à arriver et il est facile de prévoir qu'il faudra refuser beaucoup des nombreux volontaires qui désirent s'embarquer à bord de la *République conservatrice* comme *matelots-sénateurs* ou *matelots-députés*.

« La France et les passagers auront à faire leurs choix dans les trois catégories suivantes qui, d'ores et déjà, se font inscrire :

1° Les hommes qui, ayant travaillé à la construction du navire, pensent, avec quelque raison, avoir des titres sérieux à y être admis autrement que comme simple passagers ;

2° Des anciens matelots ayant déjà servi à bord du *Monarque* ou de l'*Impérial* qui déclareront se rallier franchement au pavillon de la *République conservatrice* et vouloir faire campagne avec elle dans des eaux et sous des latitudes qu'ils ne connaissent que de réputation, mais avec la ferme et loyale intention de consacrer toute leur expérience et toute leur habitude du métier à la réussite des manœuvres, assez nouvelles pour eux, que ce bâtiment va avoir à exécuter sous le commandement de l'amiral-président de Mac-Mahon ;

3° Des hommes n'ayant pas encore embarqué, mais prétendant avoir le pied marin et les meilleures dispositions pour virer au cabestan législatif, tourner le moulin à paroles, et aller, au plus fort des plus fortes tempêtes, chercher dans la plus haute hune les portefeuilles que le vent pourrait y porter.

« Il y aura à prendre et à laisser dans ces trois catégories.

« Il ne sera que juste d'appeler à la manœuvre ceux qui auront franchement travaillé à la construction.

« On pourra, sans danger, accepter quelques-uns

de ceux qui ont autrefois navigué sur le *Monarque* et sur l'*Impérial*, après avoir examiné comment et à quel titre il ont servi et quels services il est encore permis d'attendre d'eux.

« On fera également bien d'embarquer quelques-uns des nouveaux venus, mais il faudra soigneusement choisir ces recrues dont le rôle sera de donner de l'entrain à l'équipage sans jeter le trouble dans les manœuvres. »

*
* *

Le moment est arrivé aujourd'hui de former l'équipage et de mettre en pratique les conseils si sages que le *Moniteur ardennais* faisait entendre dès le 25 avril dernier.

C'est à dessein d'accentuer et de développer ces conseils que je me suis cru autorisé à écrire cette lettre et deux ou trois autres qui la suivront.

B. L'HERMITE.

2ᵉ Lettre.

J'ai l'intention dans cette deuxième lettre de mettre en évidence le but que les constituants de 1875 se sont proposé d'atteindre en organisant un Sénat et de montrer le rôle que le Sénat de la troisième République est appelé à remplir, en vertu des attributions qui lui ont été conférées par les textes constitutionnels que j'ai pris soin de transcrire dans la lettre qui précède.

Ce n'est pas sans difficulté que l'institution du Sénat a été admise à prendre place dans la constitution nouvelle.

La gauche de l'Assemblée n'en voulait pas entendre parler.

Admirateurs plus passionnés qu'intelligents des théories et de la tradition jacobines, les ultra-républicains s'obstinaient à réclamer une chambre unique et souveraine, réunissant à l'exercice du pouvoir législatif les principales prérogatives de l'exécutif — une sorte de convention en un mot.

Les républicains modérés eurent, au contraire, la sagesse de comprendre qu'il était impossible de recommencer 1793 en 1875 et se rallièrent au principe des deux chambres, les uns par raison et d'autres par nécessité.

Ils accordèrent le Sénat à leurs collègues du centre droit et de la droite libérale qui leur avaient accordé la République et la République qui a déjà bénéficié de la transaction intervenue ne peut qu'en tirer un plus grand avantage encore dans l'avenir.

La création de ce Sénat s'imposait d'ailleurs.

Dans tous les états constitutionnels et de régime représentatif on a reconnu qu'il était indispensable, pour assurer la stabilité des institutions et l'équilibre de l'autorité et de la liberté, de confier l'exercice du pouvoir législatif à deux corps distincts se mouvant dans des voies plus ou moins étroitement parallèles, ayant une grande somme d'attributions communes, mais chacun sa vie propre et une origine différente.

On a également reconnu que l'un de ces deux corps, sans avoir la suprématie sur l'autre devait être investi des prérogatives qu'autorisaien t et justifiaient l'état des mœurs politiques, le tempéramment de la nation et la nature du pacte fondamental.

C'est ainsi que l'Angleterre a sa Chambre des Lords, que la Belgique et l'Italie ont leur Sénat comme la République américaine et que sous les différentes constitutions qui l'ont régie, depuis la fin du siècle dernier, la France a connu tour à tour le Conseil des Anciens, le Sénat du premier empire et celui du second — la pairie de 1815 et celle de 1830.

Vainement s'écrierait-on : « autres temps, autres mœurs. »

Ceux qui diraient cela pour critiquer l'institution du Sénat montreraient tout au plus qu'ils ne connaissent ni leur temps, ni les mœurs de leur temps, ni ses besoins.

La création d'une seconde chambre était d'autant plus nécessaire, dans l'intérêt même de la République, que les conditions du gouvernement de même que celles de l'électorat et de l'éligibilité ont été plus profondément modifiées, depuis 1848.

Ce sont précisément ces changements radicaux dans les habitudes politiques du pays qui ont mieux accentué encore la nécessité d'introduire une seconde chambre dans la constitution du 25 février 1875.

Ainsi l'avaient compris les esprits les plus libéraux et le projet de constitution élaboré par M. Dufaure, sous la présidence et avec l'assentiment de M. Thiers, instituait un Sénat.

*
* *

On aurait tort de ne voir dans l'institution du Sénat qu'une garantie donnée aux conservateurs alarmés et de considérer la seconde chambre uniquement comme un centre de réaction ou de résistance.

Tout autre est son rôle et il suffit pour s'en convaincre de se rappeler quelles attributions lui ont confiées les lois constitutionnelles.

Ces attributions peuvent être envisagées à trois points de vue différents.

Les unes ont un caractère politique et gouvernemental.

Les autres sont du domaine législatif.

D'autres enfin appartiennent à l'ordre judiciaire.

Le Sénat, en effet, n'est pas seulement une Assemblée législative et délibérante, comme la chambre des députés.

Il est aussi un grand corps politique appelé, dans un cas très-grave, à participer à l'action du pouvoir exécutif et à émettre un avis prépondérant dans les conflits qui pourraient

s'élever entre le Président de la République
et la Chambre des députés.

Il est enfin éventuellement appelé à se
constituer en cour de justice pour juger soit
le président de la République, soit les ministres ou tous autres individus accusés de
complot contre la sûreté de l'Etat.

Le rôle du Sénat, on le voit, diffère assez
sensiblement de celui de la Chambre des députés, qui, à ne considérer que l'exercice de
la puissance législative, se trouve placée vis-
à-vis de lui sur le pied de la plus complète
égalité.

La puissance législative n'est même pas
partagée entre le Sénat et la Chambre des députés — ce serait une hérésie constitutionnelle de le dire ou le croire — elle réside
toute entière dans l'une et l'autre des deux
assemblées qui en ont la jouissance indivise
et n'en peuvent user l'une sans l'autre.

En ce qui concerne le vote des impôts et
l'emploi des deniers publics, la chambre des
députés a une sorte de préséance sur le sénat.
C'est à elle en effet que doivent être présen-
tées tout d'abord les lois de finances.

En toute autre matière l'initiative, la discus-
sion et le vote appartiennent concurremment
aux deux chambres.

Il est inutile d'insister plus longuement sur
le rôle législatif du sénat et sur ses attributions judiciaires. J'aborde le côté politique de
sa mission.

Le sénat, je ne saurais trop le répéter, n'a
pas été institué pour devenir un centre de résistance et de réaction.

Il est créé au contraire pour prendre part
à l'action, en la dirigeant, en la modérant au
besoin. et au mouvement, en le régularisant.

C'est un pouvoir pondérateur — un contre-poids. Il remplit dans l'organisme gouvernemental les mêmes fonctions que le volant dans une machine à vapeur, où le balancier dans une horloge.

Or, ce pouvoir pondérateur, ces *fonctions régulatrices* dont la constitution a investi le sénat sont des garanties offertes à la liberté pour le moins autant qu'à l'ordre.

Le sénat est par excellence le corps conservateur et libéral — le corps constitutionnel.

Dans tous les pays il arrive fréquemment que les relations deviennent difficiles entre le pouvoir exécutif et la chambre élue ; des conflits s'élèvent et le pays est troublé.

Presque toutes les constitutions ont prévu le cas et donné au pouvoir exécutif le droit de faire appel à la nation, en dissolvant la chambre avec laquelle il est en désaccord ou en hostilité.

La constitution du 25 février a eu la même prévoyance et dans son article 5 elle autorise le président de la République à dissoudre la chambre des députés, avant l'expiration légale de son mandat.

Cette disposition a été vivement discutée et n'a été acceptée que moyennant un amendement qui subordonnait le droit de dissolution accordé au président de la République, à *l'avis* préalable et *conforme* du sénat.

Ici, on le voit, le sénat participe à l'action gouvernementale comme je l'ai déjà dit. Il prononce entre le président et la chambre des députés et décide s'il y a lieu de faire appel au pays.

Institué, ainsi que le disait le prince de Joinville, dans une lettre récente. pour parer au danger de conflits inévitables et insolubles autrement que par la force, lorsqu'ils s'élèvent entre un président et une assemblée unique, le sénat est appelé à intervenir quand de tels conflits se produisent et son intervention a pour effet ou d'empêcher une révolution parlementaire ou de faire obstacle à un coup d'État — de réprimer les écarts de la chambre des députés ou d'arrêter les tentatives dirigées par le pouvoir exécutif contre le pouvoir législatif ou la souveraineté nationale.

En droit, la faculté de dissolution appartient au président.

En apparence, c'est le président qui use de cette faculté.

En réalité, c'est le Sénat qui l'exerce, puisque le président n'y peut recourir qu'après l'avoir consulté — et s'il y consent.

Enoncer ces vérités, c'est répondre d'une façon péremptoire à ceux qui s'obstinent à nier l'utilité d'une seconde Chambre, à ne considérer son établissement que comme la restauration inopportune d'une institution démodée et nuisible à la liberté et qui volontiers la compareraient à une collection de bâtons confiés au gouvernement pour les mettre dans les roues de la République.

*
* *

La part que prendra le Sénat à la confection des lois, concurremment avec la Chambre des députés, contribuera à donner à ces lois soumises à un double examen et à un double vote, une plus imposante autorité, parce qu'elle leur assurera, en même temps, un plus haut degré de perfection.

Pour aider à ce résultat, les électeurs devront déjà se montrer sévères — méticuleux

même — dans le choix des législateurs sénatoriaux, investis par eux de la gravité d'attributions politiques.

Ni les Sénats impériaux, ni les Chambres
des pairs de 1815 et de 1830, n'ont eu à remplir un rôle dont la grandeur soit comparable
à l'importance des fonctions constitutionnelles et gouvernementales, dévolues par les lois
de février, au Sénat de la République.

Ces fonctions consistent en effet :

A assurer à la France la jouissance paisible
d'institutions longtemps attendues, la tran-
quilité intérieure et la paix à l'extérieur, conditions essentielles et *sine qua non* de sa prospérité matérielle et morale ;

A interposer dans ce but, l'autorité qu'il
tient de la constitution, entre l'ordre et les
abus de la liberté ;

A protéger la liberté contre les tendances
du despotisme ;

A modérer les entraînements du suffrage
universel et à contenir les empiétements du
pouvoir.

C'est un beau rôle et bien capable de tenter
les nobles ambitions !

*
* *

Les candidats ne manqueront pas. Plusieurs sont déjà connus et d'autres se feront,
sans doute, bientôt connaître.

Si mon intention n'est pas de discuter ici
— quant à présent du moins — leurs titres
et leurs mérites, je tâcherai dans une pro-
chaine lettre d'indiquer à quels signes ceux
qui veulent bien me lire pourront distinguer
les hommes sur lesquels ils devront porter
leurs suffrages.

B. L'HERMITE.

3ᵉ Lettre.

Je me suis attaché dans la lettre précédente, à déterminer quelle était, en dehors de l'exercice de la puissance législative, la mission politique et constitutionnelle réservée au Sénat.

Je pense avoir réussi à démontrer que cette mission consistait à assurer l'existence et la consolidation des institutions actuelles, en veillant à la stricte observation des lois et au respect de la constitution, en favorisant le progrès, tout en fortifiant, au besoin, les garanties que l'ordre et la paix publique réclament — en travaillant surtout à établir et à maintenir un équilibre stable entre l'autorité et la liberté.

Il suit de là que le Sénat de la République, pour rendre les services qu'on attend de son institution, devra dans son ensemble et, autant que possible, dans la personne de chacun de ses membres, être la plus haute et la plus véritable représentation du NOMBRE et des INTÉRÊTS.

Ceci pourrait se passer d'explication mais je tiens cependant à ajouter, avant d'aller plus loin, qu'en parlant du *nombre* j'ai voulu dire que le Sénat devrait représenter, à mon avis, aussi exactement que faire se pourrait, —sinon la moyenne générale de l'opinion pu-

blique — au moins toutes les opinions moyen-
nes et *constitutionnelles*.

Ce n'est qu'à cette condition et pour autant
seulement qu'il personnifiera les intérêts et
les opinions du plus grand nombre que le
Sénat pourra remplir utilement sa mission.

Il devient facile dès lors de voir quels hommes il conviendra d'envoyer siéger sur les
bancs de la Chambre haute.

*
* *

Nous allons entrer en possession *réelle* d'un
régime établie par une série d'actes et de lois
qu'il s'agit de mettre en pratique.

La première condition à remplir par les
hommes qui veulent jouer un rôle politique
sous ce régime est donc d'adhérer à la constitution qui l'a fondé — sans ambages et
sans réticences.

Il ne faut pas se le dissimuler. Au seuil des
élections sénatoriales se présente une question qui prime et doit primer toutes les autres
et à laquelle aucun candidat ne peut se dis-
penser de répondre par OUI ou par NON.

Les élections du Sénat intéressent également les partisans des institutions actuelles
et les adversaires de la République. Faites
dans un certain sens, elles affermiront le régime établi; faites dans un autre sens elles
remettront en question les décisions de l'Assemblée nationale et rendront aux partis le
droit de se précipiter de nouveau dans l'arène
pour s'y disputer le pouvoir suprême.

Ce serait, je crois, mal connaître les électeurs ardennais que de les supposer désireux
de revenir aux jours, aux mois, aux années
de provisoire, d'incertitude et d'angoisse qui
ont précédé le 25 février 1875.

Ils savent que, dans les élections qui vont avoir lieu, ils auront à discerner entre les amis de la Constitution et ses adversaires.

Ils ne sont pas d'accord aujourd'hui sur les noms propres, mais ils le sont certainement sur ce point que, sous la réserve des choix à faire parmi les amis de la Constitution, il y a lieu — avant tout — d'éliminer ses adversaires.

La première question à poser à tout aspirant sénateur sera donc celle-ci :

« *Avez-vous voté la Constitution ou l'auriez-vous votée ?* »

Et la deuxième :

« *Cette Constitution étant votée, avez-vous l'intention de l'appliquer loyalement et sans arrière-pensée ?* »

Si, à ces deux questions, le candidat ne répond pas nettement et carrément Oui, n'insistez pas et ne poussez pas plus loin l'interrogatoire.

C'est inutile.

Il pourra arriver que tout en répondant *Oui*, le candidat ajoute quelques réserves touchant la révision de la Constitution.

Méfiez-vous alors. C'est un peu comme si on sollicitait votre fille en mariage, en vous annonçant l'intention de plaider en séparation de corps au bout de quelques mois.

Il sera utile cependant de savoir quelle est au fond la pensée des candidats qui viendront vous parler ainsi de réviser une Constitution dont l'expérience est encore à faire. Demandez-leur donc de vous faire savoir, sans détour, s'ils veulent *réviser* pour améliorer ou pour détruire et quelles institutions ils voudraient mettre à la place de celles au service desquelles ils désirent entrer... pour les renverser.

Vous saurez ainsi à quoi vous en tenir et agirez ensuite en conséquence.

Etant admis — ce que crois être l'opinion de l'immense majorité d'entre vous — qu'il ne faut accepter que des hommes sincèrement dévoués ou ralliés à la constitution, ce qui est tout un, il importera de faire, dans la mesure du nombre de places dont vous disposez, une part équitable aux représentants des opinions constitutionnelles.

Il faudra apporter un grand esprit de conciliation et de transaction dans vos choix et porter surtout vos suffrages sur les hommes les plus modérés et les plus honnêtes des partis constitutionnels. C'est ainsi que vous arriverez à concourir à la formation d'un sénat *utile*, parce qu'il sera homogène, malgré certaines divergences d'opinions, plus apparentes que réelles, entre les différents groupes dont il se composera.

Travaillez donc à établir d'abord entre vous l'UNION CONSTITUTIONNELLE qu'il est si désirable de voir s'établir ensuite dans les chambres nouvelles.

Le titre d'ancien républicain ne doit être pour vous ni une cause d'exclusion, ni une cause de préférence et vous vous tromperiez également si vous acceptiez ou rejetiez un candidat parce que son républicanisme serait de fraîche date.

Il y a, comme on dit vulgairement, à prendre et à laisser dans ces deux catégories de candidats.

Je ne songeais guère, il y a six mois, à écrire ces lettres, mais je me préoccupais

déjà des élections à la veille desquelles nous
voici arrivés et je mettais de côté tout ce
qu'on écrivait à ce sujet. C'est ainsi que j'ai
conservé le numéro du *Moniteur Universel* du
15 août 1875, dans lequel j'avais lu les lignes
suivantes, que je vous demande la permission
de transcrire :

« La première condition pour faire partie de
l'union constitutionnelle, c'est d'adhérer nettement,
sans ambiguïté, à la Constitution.

« Nous ne croyons pas qu'il faille exiger rien de
plus, ce qui signifie que quelques-uns des anciens
groupes conservateurs ne seront exclus de cette
union *que s'ils le veulent*. Nous n'examinerons pas
les raisons qui peuvent les retenir en dehors de
l'union ; nous respectons leurs scrupules, mais nous
pensons aussi que lorsque les partisans des institutions représentatives, les conservateurs libéraux,
ont pensé qu'ils ne pouvaient plus maintenir en
France un gouvernement de contrôle et de liberté,
et le mettre hors de l'atteinte de la dictature césa-
rienne qu'en l'unissant à la forme républicaine, ils
ont fait une chose sérieuse ; ils ont pris consciencien
sement la résolution qui leur a semblé la meilleure,
et qui, selon nous, l'était en effet. Ils ne se dé-
mentiront pas. Et, de même qu'ils sont prêts à s'entendre avec tous les partisans de nos institutions,
« ils ne donneront aucune de leurs voix à aucun des
partis qui combattent la constitution votée par l'Assemblée. »

Il y a, dans ces lignes, des indications aux-
quelles devront avoir égard les électeurs
constitutionnels qui forment ici la majorité.

Pour être sages, ils s'abstiendront d'être
exclusifs. Pour être justes ils formeront, je
l'espère, une liste de conciliation sur laquelle
devraient se trouver réunis un républicain de
vieille date notoirement connu pour la modération de ses idées et sa haine du désordre et

un de ces conservateurs libéraux dont la parole s'impose quand ils déclarent se rallier à la constitution républicaine du 25 février.

Deux noms bien choisis dans ces deux opinions représenteraient, avec la plus grande exactitude, la moyenne de l'opinion dans les Ardennes.

Je n'ai pas, aujourd'hui encore, comme je le disais, dans ma lettre précédente, l'intention de discuter et d'indiquer des noms.

Ce choix appartient aux électeurs, mais je pense avoir le droit de leur rappeler un conseil que donnait, il y a quelques jours, un journal parisien :

« Les électeurs auront deux questions à résoudre : d'abord approuvent-ils le programme politique qui leur est proposé? ensuite, ont-ils confiance dans *la loyauté* de l'homme qui sollicite l'honneur de les représenter.

« Pour voter en connaissance de cause et se prémunir contre des déceptions qui ne sont pas rares dans la politique, il suffira que l'électeur tienne compte des deux éléments, les principes indiqués dans la circulaire et le *caractère de celui qui l'a signée*. Toutes les garanties accessoires sont chimériques. »

Préoccupez-vous donc surtout de la *loyauté* et du *caractère* de ceux qui vont solliciter vos suffrages.

Soyez sévères et méticuleux, comme je vous le disais l'autre jour, et vous courrez moins risque d'être trompés.

N'oubliez pas l'enseignement de Montesquieu écrivant dans l'*Esprit des lois* que la vertu est le principe des Républiques.

Or, pour un homme politique, la vertu consiste dans la dignité de la conduite politique, dans la rectitude et dans la rigidité de cette conduite.

Ne négligez pas non plus les vertus privées.

Partant de là, cansultez le passé et vous pourrez juger quel devra être l'avenir. C'est le meilleur des *criterium*.

Rappelez-vous que c'est le signe définitif du régime républicain de confier la chose publique *à tous les bons citoyens*, mais aux *bons citoyens* seulement, sans exiger d'eux qu'ils renient tout ce qu'ils ont aimé ou servi — du moment que leur *loyauté* et leur *caractère* garantissent la franchise de leur adhésion aux institutions nouvelles.

Vous me pardonnerez ces conseils, chers lecteurs, en faveur de l'intention et vous m'autoriserez, j'en ai l'espoir, à les compléter dans une dernière lettre que vous portera le prochain numéro du *Moniteur ardennais*.

B. L'HERMITE.

—

Pour être à la hauteur du rôle que lui assigne la constitution, le Sénat devra, ainsi que je l'ai déjà dit, être non-seulement l'expression du nombre mais aussi la représentation des intérêts, et personne ne me contredira quand j'affirmerai qu'entre tous les intérêts ceux qui ont le droit d'être le plus largement représentés sont ceux de l'agriculture et de la propriété.

C'est ce qu'ont voulu d'ailleurs les constituants de 1875, en plaçant le Sénat au premier rang des institutions constitutionnelles et c'est ce que comprenait très-bien M. Jules Ferry lorsque, il y a quelques mois déjà, il s'exprimait dans les termes suivants, devant le comice agricole de Saint-Dié :

« La constitution républicaine, disait-il, a voulu faire à l'élément agricole et campagnard une place particulière. Elle lui a donné, dans la formation du Sénat, une véritable prépondérance. Ce n'est plus par électeur ni par tête que l'on compte ; ce sont les communautés villageoises, les plus petits groupes agricoles qui apportent leur suffrage, et dans cette balance politique le plus petit village pèse du même poids que la grande cité la plus riche, la plus fière de son opulence et de ses lumières. Agriculteurs, le Sénat sera ce que vous le ferez ! »

Usez donc, dans toute son étendue, de l'influence que donne aux populations des campagnes la loi organique sur les élections sénatoriales.

Ne négligez rien pour que les intérêts de

l'agriculture et ceux de la propriété, qui sont identiques, comptent de sérieux représentants dans le futur Sénat, si vous voulez qu'ils y soient énergiquement défendus et efficacement protégés.

Je sais bien que tous les intérêts sont solidaires et je ne veux pas dire qu'il existe un antagonisme permanent entre l'intérêt agricole et l'intérêt industriel, entre la propriété et la finance, mais vous reconnaîtrez avec moi qu'il y a parfois, contrariété, opposition et concurrence entre ces intérêts divers.

Il est bon, dès lors, que chacun d'eux ait sa représentation propre — toujours prête à intervenir, lorsque s'agitent, devant le parlement, les questions économiques et financières qui mettent souvent en présence et aux prises la propriété et le commerce, l'agriculture et l'industrie.

*
* *

Il ne faut pas perdre de vue, en effet, que le malheur des temps a courbé la France sous le poids écrasant d'un budget pléthorique.

La mise en équilibre de ce budget a exigé la création immédiate d'impôts de toutes sortes, plus ou moins étudiés, plus ou moins équitables dans leur répartition et leur proportionnalité et qu'il appartiendra à un avenir prochain peut-être, de remanier assez profondément.

Or, tout le monde a pu remarquer que l'établissement des taxes nouvelles a toujours provoqué de vives discussions alimentées par la diversité des intérêts en présence. L'industrie s'efforçait de rejeter le fardeau sur la propriété et le commerce essayait de diminuer sa part des charges en grossissant celle de l'agriculture.

De toute façon donc — soit que, se plaçant au point de vue le plus élevé, on n'envisage que l'aspect général et purement politique de la question — soit que, au contraire, descendant dans les détails, on la considère seulement par le côté économique et financier, on est amené à reconnaître que la propriété et l'agriculture devraient avoir voix prépondérante au Sénat.

Notre département est justement fier des industries qui contribuent à sa prospérité et à sa richesse, mais l'étendue, l'importance et la variété de ses cultures lui donnent aussi un rang très-honorable parmi les départements agricoles.

Ce serait gravement méconnaître l'intérêt départemental aussi bien que l'intérêt général que de ne pas attribuer à un représentant de la propriété et de l'agriculture un des deux siéges sénatoriaux que la Constitution a chargé les électeurs ardennais de distribuer.

*
* *

Il me reste maintenant à résumer la matière de ces lettres. — Ce sera besogne facile car j'ai la bonne fortune de trouver mon résumé tout fait dans les deux derniers numéros du *Moniteur universel* qui, je suis fier de le constater, écrit aujourd'hui — en meilleurs termes bien entendu — ce que j'écrivais, il y a huit jours, dans le *Moniteur ardennais*.

Je me borne à copier :

« Le premier titre à exiger du candidat sénatorial, c'est donc une adhésion très-nette à la Constitution, au Gouuvernement établi par l'Assemblée nationale. Cette condition n'a rien d'étroit, quoiqu'elle doive être maintenue fermement, sans équivoque, sans ambiguïté ; elle n'emporte avec elle ni intolérance, ni exclusion. Il ne s'agit pas d'enfermer les candidats dans l'enceinte d'une secte républicaine et de leur demander s'ils ont des titres de républicanisme bien prouvés et de vieille date ; il s'agit de savoir s'ils acceptent le gouvernement constitutionnel, et s'ils sont décidés à le soutenir, à le consolider, à le faire durer. (1)

. . . .

« Les candidats sénatoriaux, pour avoir droit aux suffrages des électeurs (nous entendons des électeurs qui désirent maintenir le gouvernement établi, ce qui est assurément le plus grand nombre), doivent être constitutionnels, ils doivent vouloir tout ce que veut la Constitution : le gouvernement représentatif et le Président de la République ; d'accord, ils doivent vouloir cela, et le vouloir fermement. (2)

. . . .

« Selon nous, les candidats constitutionnels doivent prendre l'engagement, non-seulement de ne pas demander la révision avant cinq ans, mais encore de tout mettre en œuvre d'ici là pour rendre l'expérience de la république favorable à son établissement définitif. (3) »

Toutefois, ainsi que l'écrivait l'*Echo universel*, dont je vous citais un extrait, dans ma dernière lettre, il ne faudra accorder créance qu'aux engagements pris par les candidats dont la *loyauté* et le *caractère* vous offriraient de sérieuses garanties.

*
* *

On dit, et je le crois volontiers, que vous voulez la République, mais certainement vous la voulez large et ouverte, constitutionnelle et conservatrice.

Vous êtes appelés à le prouver par vos choix.

---

(1) *Moniteur universel* du 8 janvier 1876.
(2)   *Idem.*
(3)   *Idem* du 9 janvier 1876.

Pour faire cette preuve et la faire éclatante, inattaquable, vous devrez donner vos suffrages à un républicain bien connu, mais vous devrez vous attacher à le prendre parmi ceux qui, selon l'expression de M. Casimir Périer, « républicains de la veille ou du lendemain, « voudront la République irréprochable — « qui la voudront étroitement liée aux inté- « rêts conservateurs, ne séparant jamais la « démocratie de la liberté, ni la liberté de « l'ordre, c'est-à-dire parmi ceux qui veulent « respecter et faire respecter la Constitution « et les droits qu'elle confère au vaillant sol- « dat qui, devenu président de la République, « a librement et loyalement accepté la garde « du dépôt confié à son honneur. »

Pour être conséquents avec vous mêmes, pour être logiques et strictement justes en même temps que pour faire acte de sagesse, vous devrez demander votre second séna- teur à ce parti qui s'appelait *libéral* sous le dernier régime lorsque les intérêts de la li- berté étaient en souffrance et qui s'est appelé *conservateur libéral* lorsque les intérêts conser- vateurs lui ont paru menacés. Vous devrez d'autant plus agir ainsi que ce parti quelque dénomination qu'il ait prise ou qu'on lui ait donné n'a jamais cessé d'être ce qu'il est par nature et par tradition, le parti du *gouverne- ment tempéré et libre* dont vous êtes les appré- ciateurs et les amis — même sous la Répu- blique et surtout sous la République.

C'est pourquoi vous reconnaitrez néces- saire d'inscrire sur vos listes, à côté du nom d'un de ces républicains anciens dont je vous parlais, le nom d'un de ces hommes que leurs traditions, leurs habitudes d'esprit et la nature de leurs relations sociales ratta-

chaient plutôt à la monarchie constitutionnelle que beaucoup de vous regrettent, mais
qui ont aujourd'hui accepté la République
pour en faire sincèrement et sérieusement la
loyale expérience et s'engagent devant la
France à exécuter fidèlement un pacte con-
senti par patriotisme, par raison et par préférence pour les institutions libres.

La juxtaposition sur une liste de deux noms
ainsi choisis serait la plus catégorique affir-
mation que l'*Union constitutionnelle* est faite
dans les Ardennes — aussi *libérale* que *conservatrice*.

Pour moi, si j'avais à choisir deux noms,
conformément à ce programme, parmi tous
ceux dont on parle, je n'hésiterais pas un ins-
tant et mes candidats seraient :

M. TOUPET DES VIGNES, ancien comman-
dant de la garde nationale de Givet, ancien
représentant du peuple ardennais à la Cons-
tituante de 1848 et à la Législative de 1849,
membre et questeur de l'Assemblée nationale
de 1871, membre et secrétaire du conseil général des Ardennes.

Puis :

M. le baron JULES EVAIN, dont plusieurs
journaux de Paris ont déjà annoncé la candidature. M. Evain a fait partie de la Législative
de 1849. Rendu à la vie privée par le coup
d'Etat de Décembre, il s'est retiré du conseil
général des Ardennes pour ne pas prêter de
bouche à l'Empire un serment que sa con-
science lui refusait.

Ce sont deux hommes dont la *loyauté* et le
caractère sont indiscutables.

Entre les opinions de M. Toupet des Vignes
et celles de M. Evain, il n'y a pas une différé-
rence aussi profonde qu'on pourrait le croire.

Entre le républicain de vieille date qui a travaillé vigoureusement à la Constitution du 25 février et le libéral fraîchement rallié à cette Constitution il y a un trait d'union : — La haine du despotisme et de l'anarchie ou, sous une autre forme, l'amour de l'ordre et de la liberté ; car si M. Toupet des Vignes a souvent prouvé qu'il ne séparait pas la cause de l'ordre de celle de la liberté. M. Evain, de son côté, a plus d'une fois démontré par ses actes qu'il était aussi dévoué à l'une qu'à l'autre.

Le dévouement de M. Toupet des Vignes aux idées républicaines n'a guère besoin d'être affirmé dans un pays qui le connait depuis si longtemps et, depuis si longtemps, apprécie la fermeté de ses convictions, la dignité et la modération de sa conduite.

Quant à l'adhésion de M. Evain à la Constitution et aux institutions actuelles, elle est de celle que la suspicion ne peut atteindre et que la calomnie ne saurait dénaturer.

En refusant de prêter serment à l'Empire et en tournant ainsi le dos à quelque candidature officielle qui serait certaiuement venue le trouver, M. Evain n'a pas seulement affirmé qu'il refusait toute espèce de concours à un gouvernement qui n'avait pas ses sympathies. Il a surabondamment prouvé qu'il n'offrirait jamais ses services à un autre gouvernement pour le renverser ou le trahir.

*
* *

Si les ardennais choisissaient comme sénateurs les hommes dont je viens de citer les noms, ils auraient bien compris le but de l'Institution du Sénat et ils seraient certains d'être bien représentés dans la haute Assemblée sous le double rapport du nombre et des intérêts.

Dans leurs nuances, les opinions de M. Toupet-des-Vignes et de M. Evain reflètent, aussi exactement que possible, l'opinion moyenne du pays.

La situation personnelle de M. Evain le désigne naturellement à ceux qui pensent que les intérêts de l'agriculture et ceux de la propriété ne sauraient compter trop de défenseurs au Sénat.

J'ai parlé de *nuances* entre les opinions des candidats que je viens de citer : je tiens au mot et j'y reviens. Ces nuances ne sont pas de celles qui jurent de se trouver rapprochées ou réunies. Elles ont au contraire, une tendance à se fondre ensemble pour former une teinte harmonieuse et douce — seul fond propre à recevoir et à conserver longtemps l'inscription que beaucoup voudraient lire au fronton de notre édifice politique :

RÉPUBLIQUE CONSTITUTIONNELLE ET CONSERVATRICE.

*
* *

Me voici arrivé au but que je m'étais proposé. Veuillent mes lecteurs me pardonner la liberté, peut-être outrecuidante, que je me suis octroyée de leur adresser ces lettres remplies de conseils dont ils n'avaient sans doute pas besoin.

Ils les auront certainement pris en bonne part et mon excuse est dans la pensée qui les a dictés.

Je voudrais et ils voudront comme moi que le nom de République ne fût pas le cri ou la propriété exclusive d'un parti mais seulement le nom historique de notre gouvernement constitutionnel pour que les uns ne cherchent pas à éviter ce nom, tandis que les autres ne manquent aucune occasion de le prononcer.

Je voudrais que nos assemblées futures ne portassent pas dans leur sein la division, la discorde, les haines mutuelles toujours prêtes à éclater, les passions irritables et irritantes dont le spectacle et la lutte nous ont si longtemps affligés.

Je voudrais encore que les présidents de ces futures Assemblées pussent leur répéter, le jour de la séparation venue, les paroles qu'adressait M. le duc d'Audiffret-Pasquier à l'Assemblée qui tenait sa dernière séance le 31 décembre dernier :

« Il est deux choses que vous remettez intactes à « la France : son drapeau et ses libertés. »

Je voudrais même — et je n'ose le dire — que ces mêmes présidents pussent ajouter : « — Non-seulement vous remettez à la France son drapeau honoré et ses libertés accrues, mais vous lui avez aussi fait retrouver le prestige de son nom, sa prépondérance dans le monde, toute la gloire de ses armes, et les provinces qu'elle avait perdues... »

. . . .

Voilà pourquoi j'ai écrit ces lettres, avec le dessein de montrer de mon mieux ce que c'était que le Sénat et ce que devraient être les sénateurs ardennais.

10 Janvier 1876. L'HERMITE.